32
Lf 12

LE POVVOIR

ET IVRISDICTION

DE MESSIEVRS

LES CONNESTABLE

ET MARESCHAVX

DE FRANCE.

A PARIS,

Par DAMIEN FOVCAVLT, Impr. & Libraire ordin.
du Roy & de la Maiſon de Ville; Au Palais.

M. DC. LXVIII.

AVRO Y.

*IRE,*

*Monsieur le Conneſtable, premier Officier de
la Couronne, vny comme Chef, au Corps de*

Meßieurs les Mareſchaux de France, eſt le ſeul dépoſitaire de l'Eſpée que Dieu a envoyée du Ciel avec les Fleurs de Lys, aux Roys Tres-Chreſtiens comme à Voſtre Majeſté pour, deffendre l'Eſtat, & punir les crimes. Cet Office joint à cette meſme Eſpée, a paßé premierement par les mains de Mr Frogier de Châlons, & a eſté comme ſupprimé par la mort de Mr de Leſdiguieres; & du depuis au Sacre de Voſtre Majeſté, à Titre d'honneur, par celles de Monſieur d'Eſtrées premier Mareſchal de France qui les égale en tout: La fonction en a touſiours eſté conſiderée comme la plus honorable & la plus perilleuſe, außi bien que celles de Meſſieurs les Mareſchaux de France; & comme vnique à commander ſeul dans les Armées, a toujours eſté ambitionné, meſme exercé par Meßieurs les Dauphin de France, Duc de Bretagne, Ducs d'Anjou, d'Alençon & Premiers Princes du Sang: & eſtant neantmoins reverſible par ſuppreßion à ſa principale émanation, il ſubſiſte encore en fonction en la ſacrée perſonne de Voſtre Majeſté, qui s'eſt acquittée plus dignement du meſtier de la Guerre, que n'ont jamais fait Meßieurs du Gueſclin, ny Bourbon; les Campagnes dernieres & les Provinces ſubjuguées dans la rigueur de l'hyver, rendent témoignage de cette verité: & pour l'utilité pu-

blique, agiſſant avec prudence en Guerre, comme dans la Paix, nous voyons renaiſtre tous
les Arts, & reſtablir le Commerce avec les
amis de la France, pour y apporter la fecondi-
té; & ainſi Voſtre Majeſté ſe fait craindre de
ſes ennemis, & aimer de ſes Sujets, & donne à
connoiſtre à tout le monde, par ſa ſage conduite, & par les marques de ſa generoſité & de ſa
vigilance pour l'adminiſtration de ſa Iuſtice,
Police & exactitude au fait de ſes Finances,
qu'elle eſt bien moins à ſoy qu'à ſon peuple; & l'on
peut juſtement attribuer à Voſtre Majeſté ce
que diſoit Saluſte à Ceſar, Sapiens Impera-
tor, Pacis cauſa, Bellum gerit & laborem ſpe
otij ſuſtentat ad Rempublicam ſervandam.
Voſtre Majeſté ſe plaiſt auſſi à donner les hon-
neurs au merite & à la valeur, comme elle a fait
augmentant le nombre de Meſſieurs les Mareſchaux de France, par un choix digne d'elle,
pour accroiſtre ſa puiſſance & enrichir le brillant
éclat de ſa Couronne, dont ils ſont les veritables
ſuppoſts & deffenſeurs, & porter de la terre au
Ciel, les Lauriers & les Palmes que Voſtre
Majeſté a remportées ſur ſes ennemis dans les plus
grands haʒards de la Guerre. Tous ces faits he-
roïques, m'ont fait prendre la hardieſſe de vous
offrir un abregé du pouvoir & de la Iuriſdiction

de Meßieurs les Conneſtable & Mareſchaux de France, avec le profond reſpect que doit,

SIRE,

A VOSTRE MAJESTE'

Son tres-humble, & tres-obeïſſant Serviteur, & Subjet
TRABIT, Greffier de la Conneſtablie,

L'ORDRE DES RECEPTIONS
de Nosseigneurs les Mareschaux de France.

MOnseigneur Mre FRANÇOIS HANNIBAL Duc d'ESTREES, Pair de France.

Monseigneur Mre ANTHOINE Duc DE GRAMONT, Pair de France.

Monseigneur Messire HENRY DE LA TOVR D'AVVERGNE, Vicomte de Turenne.

Monseigneur Messire CESAR Duc du Plessis-Praslin, Pair de France.

Monseigneur Messire HENRY
Duc de Villeroy, Pair de France.

Monseigneur Messire ANTOINE
Duc d'Aumont, Pair de France.

Monseigneur Messire HENRY
Duc de la Ferté Seneterre, Pair de
France.

Monseigneur Messire IACQVES
DE ROVXEL, Comte de Medavy
& de Grancey.

Monseigneur Messire IACQVES
DE NOMPAR DE CAVMONT,
Duc de la Force.

Monseigneur Messire CESAR
PHOEBVS D'ALBRET, Sire de
Pons, Prince de Mortagne.

Monseigneur

Monseigneur Messire IEAN DE
SCHVLEMBERG, Comte de Mon-
dejeux.

Monseign. Messire FRANÇOIS
Marquis de Crequy.

Monseigneur Mre BERNARDIN
Marquis de Bellefonds.

Monseigneur Messire LOVIS DE
CREVAN, Marquis d'Humieres.

B

OFFICIERS DE LA CONNESTABLIE
& Mareschauſſée de France.

YVES FOY, Eſcuyer Sieur de la Neufville, Conſeiller du Roy en ſes Conſeils d'Eſtat & Privé, Lieutenant General.

IACQVES DE CHAVLNES, Eſcuyer, Lieutenant Particulier.

NICOLAS DE LA FONDS, Eſcuyer, Conſeiller & Procureur du Roy.

CLAVDE TRABIT, Greffier en Chef de ladite Conneſtablie & Mareſchauſſée de France.

ANTOINE LE GRAIN, Ecuyer Sieur d'Vrſine, Conſeiller duRoy en ſes Conſeils, Gentilhomme ordinaire de ſa Maiſon, Prevoſt General.

IEAN DESLOGES, Eſcuyer, Lieutenant.

IEAN DAREMOND, Eſcuyer, premier & ancien Lieutenant.

LOVIS PHELIPPEAVX, Eſcuyer Lieutenant.

IACQVES DE SCEEL, Eſcuyer Sieur de Marbrelle, Lieutenant.

IEAN BERGERAT, Sieur de Chauſay, Conſeiller & Procureur du Roy.

SIMON TVTIN, Greffier dudit Sieur Prevoſt General.

EXEMPTS.

MARC BEDOÜET, premier & ancien Exempt.

IACQVES ESMERY du Pleſſis, Exempt.

PIERRE LE BOVRSIER, Sieur du Coudray, Exempt.

GABRIEL VASSIERES, Exempt.

Quarante-huit Archers & Gardes anciens, & vn Trompette, & quarante deux d'augmentation, pour faire le nombre de cent, comme en la Compagnie de Monſieur le Prevoſt de l'Hoſtel.

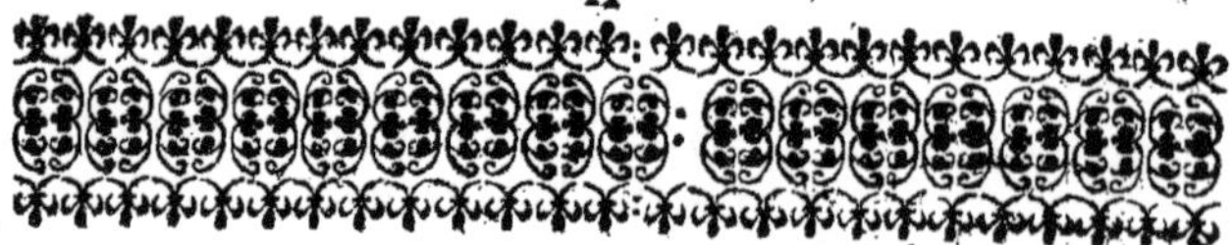

LE
POVVOIR ET IVRISDICTION
de Meſſieurs les Conneſtable &
Mareſchaux de France.

ONSIEVR le Conneſtable eſt le premier Officier de la Couronne, Generaliſſime des Armées du Roy, Chef principal de Meſſieurs les Mareſchaux de France, auſſi Officiers de la Couronne, unaniment Surintendans des Armes & Generaux des Armées de ſa Majeſté, qui enſemble ne font qu'un Corps. Ils preſtent le ſerment entre les mains de ſa Majeſté, & Monſieur le Conneſtable reçoit de ſa main, ſon Eſpée nuë, qui luy eſt envoyée de Dieu pour combattre & punir ; ils rendent également l'hommage lige à ſa Majeſté pour leurs Offices, & pour leur Iuriſdiction qu'ils tiennent à titre de Fief appellée Conneſtablie & Mareſchauſſée de France.

Monſieur le Conneſtable eſt auſſi receu au Parlement, (comme il eſt loiſible à Meſſieurs les Mareſchaux de France,) & il y a rang, ſeance & voix deliberative, immediatement apres Meſſieurs les Princes du Sang, comme en tous lieux ; mais en Guerre il y eſt l'unique & premier Chef, & com-

B ij

mande aux Pinces du Sang, ou pour mieux dire il leur apprend la Guerre par ſon experience.

En la preſence du Roy, dans les camps & Armées, Meſſieurs les Mareſchaux de France, ne cedent en tout, à qui que ce ſoit; & en l'abſence de ſa Maje-ſté, les Princes du Sang, & non autres, ſont ſecon-dez de Meſſieurs les Mareſchaux de France,

Lors qu'il ſe trouve pluſieurs de Meſſieurs les Mareſchaux de France, en une ſeule Armée, cha-cun d'eux a ſon jour de Commandement, alterna-nativement.

Meſſieurs les Conneſtable & Mareſchaux de France, ont pouuoir d'ordonner & commander tous Chefs, Mareſchaux de Camp, Gens d'Or-donnance de ſa Majeſté, & autres de pied ou de cheval, François ou eſtrangers, eſtans à ſa ſolde, pour s'oppoſer par la force des Armes, aux ennemis de la France, & à vaincre ou mourir pour ſa Majeſté & pour l'Eſtat.

Font exactement obſerver les Ordonnances de ſa Majeſté, par leſdits Chefs, Officiers & Gens d'Or-donnance & autres, de pied ou de Cheval, eſtans en garniſon, font faire la police & mettre le taux aux vi-vres, en ſorte que les Subjets de ſadite Majeſté n'en ſoient opprimez ny moleſtez.

Font contenir les Gentils-hommes & autres, faiſans profeſſion des Armes dans le devoir; previénent les querelles, les terminent, & jugent ſommairement & ſouverainement, ſuivant les loix d'honneur, par des peines qui ne répandent point de ſang, comme pri-

ſons, banniſſemens, reparations & ſatisfactions pro-
portionnées aux offences receuës, ſuivant le dernier
Edict du Roy, de l'an 1651. & Declaration de 1653.
verifiées dans tous les Parlemens du Royaume pour
la conſeruation de la Nobleſſe, Milice & Gendarmerie, qui bien ſouvent perit miſerablement dans
les funeſtes combats de duels & rencontres preme-
ditées. Ont droit de commettre vn ou pluſieurs Gentils-hommes de qualité & probité, connuë dans les
provinces, pour leſdits accommodemens, des juge-
mens deſquels, comme de Meſſieurs les Gouverneurs
& Lieutenans Generaux, y ayant appel, la deciſion en
appartient par jugement ſouverain à Meſſieurs les
Mareſchaux de France, ſuivant l'article cinquiéme
dudit Edict.

Tous les droits honorifiques, preéminences, pre-
rogatives & preſceances & ſceau de ladite Conneſtablie & Maréchauſſée de France, au Siege de la
Table de Marbre du Palais à Paris, appartiennent
originairement à Meſſieurs les Conneſtable & Mareſchaux de France, & au deffaut de Monſieur le
Conneſtable, par Declaration du Roy Charles
IX. verifiée au Parlement & en la Chambre des
Comptes en l'an 1568. ils appartiennent au premier
de Meſſieurs les Mareſchaux de France ſucceſſive-
ment, & tous les Iugemens, Ordonnances & Actes
de ladite Conneſtablie & Mareſchauſſée de France
ſont intitulez *les Conneſtable & Mareſchaux de France*,
& ſcellez du Sceau de Monſieur le premier Mareſchal de France, gravé en Conneſtable à cheval, &

des Armes de Monſieur le premier Mareſchal de France de la grandeur de celuy de Monſieur Frere unique de Sa Majeſté, lequel a ſon execution comme le grand Sceau par tous les endroits du Royaume, & où le Roy porte ſes armes, nonobſtant clameur de Haro, Chartre Normande, priſe à partie & autres choſes contraires.

Cette Iuriſdiction de la Conneſtablie & Mareſchauſſée de France, & les Officiers du Roy qui la compoſent, ſous Meſſieurs les Conneſtable & Mareſchaux eſtoient autrefois ambulatoires à la ſuitte de ſa Majeſté, & ont eſté rendus ſedentaires & fixes par le Roy Philippes le Bel en l'an 1286. à la Table de Marbre de ſon Palais à Paris, ſur laquelle ſe faiſoient les Nopces de nos Roys, & où Meſſieurs les Conneſtable & Mareſchaux de France prennent leur ſceance, & y preſident, & peuvent juger avec les Officiers de ladite Conneſtablie, comme autres fois de la vie & des biens des Subjets du Roy, prevenus des cas Prevoſtaux en dernier reſſort, & des cauſes des Officiers du Corps de la Gendarmerie, Milice & Mareſchauſſée, à la charge de l'appel en la Cour, ſuivant les douze articles des Ordonnances fondamentales de cette Iuriſdiction.

Par Edict du Roy Charles V. de l'an 1374. verifié au Parlement, deffences ſont faites à tous Sergens & Archers d'aſſigner les parties pardevant Meſſieurs les Mareſchaux de France, mais en leur Siege de la Conneſtablie à Paris, comme le ſejour actuel des Roys, & pour recouvrer Conſeil, afin que leur bon droit leur soit conservé.

Lors que le Roy crée & ordonne Messieurs les Mareschaux de France, Sa Majesté leur donne & pourvoit à leur nomination, chacun un Commissaire ordinaire des Guerres & un Prevost General, un Lieutenant, Greffier & vingt Archers de suitte gagez du Roy sur l'ordinaire des Guerres qui jouïssent de tout temps, comme les Prevosts Generaux Provinciaux, Particuliers, Vice-Baillifs, Vice-Seneschaux, Lieutenans Criminels de Robe-courte & Chevaliers du Guet, Officiers & Archers souldoyez par les peuples, de l'exemption des Tailles, Subsistances, Logemens de Gens de Guerre & du droit de Committimus, & de survivance comme Officiers du Corps de la Gendarmerie, pourueu qu'ils ne fassent acte dérogeant.

Tous lesdits Commissaires & autres, prestent le serment au premier de Messieurs les Mareschaux de France, information prealablement faite de leurs vie, mœurs, conversation & Religion Catholique, Apostolique & Romaine ; fidelité & affection au service du Roy, & experience au fait des Armes, en ladite Connestablie, où leurs Lettres de Provisions doivent estre Registrées suivant les Ordonnances & Arrests du Conseil d'Estat du 10. Mars 1663. comme aussi celles des Controolleurs ordinaires & autres Commissaires & Controolleurs Provinciaux à la conduite & aux Regimens ; mesmes les Tresoriers Generaux & Provinciaux de l'ordinaire & extraordinaire des Guerres, Payeurs de la Gendarmerie, Artillerie, des Gardes & aux Gardes qui doivent faire

enregiftrer leurs actes des cautions qu'ils ont four-
nies à la Chambre des Comptes, pour feureté de la
diftribution des deniers, que l'on ordonne en ladite
Conneftablie eftre faite aux Officiers de Gendarmerie, Milice & Marefchauffée, fuivant les Eftats
du Roy, &eu efgard au fervice que chacun d'eux a
rendu, juftifié par les Certificats & Roolles de monftres où ils auront paffé comme prefens & effectifs.

Les Dames veufves de Meffieurs les Marefchaux
de France, joüiffent, pendant leur viduité, de l'honneur, de la qualité & rang qui leur appartiennent.

Sa Majefté, par Arreft de fon Confeil d'Eftat du
22. Ianvier 1653. fur la remonftrance de Meffieurs les
Marefchaux de France, a ordonné qu'au premier
mois de chaque année, le projet ou eftat general
du Taillon qui s'expedie aux Treforiers generaux de
l'ordinaire des Guerres, enfemble les autres eftats
qui doivent eftre envoyez au Bureau de chaque Ge-
neralité du Royaume; contenant entr'autre defpen-
ce celle de la folde des Prevofts de Meffieurs les Marefchaux de France, comme auffi l'eftat au vray, &
les eftats particuliers des Officiers de la Gendarmerie, feront à l'advenir arreftez dans vne direction
qui fera tenuë en prefence du plus ancien & premier
de mefdits Sieurs les Marefchaux de France, eftant
prés de fa Majefté, avec Monfieur le Secretaire de fes
Commandemens, ayant le département de la Guerre; defquels eftats ainfi arreftez, la minutte fera fignée de la main de faMajefté,& contre-fignée par led.
Secretaire de fesCommandemens,fuivant la Declaration

.ion & Reglement du Roy, du 1. Ianvier 1596. laquelle minutte demeurera és mains de mondit fieur le Se_
cretaire, pour eftre par luy faites toutes les expedi-
tions en la forme ordinaire; la partie de l'Epargne auffi arreftée & prife par preference à toutes charges,
& qu'à l'advenir tous les Commiffaires qui devront
faire les monftres & reueües de trouppes tant d'In-
fanterie que de Cavallerie Françoifes & Eftrange-
res, prendront leurs départements du plus ancien
Marefchal de France, eftant prés de fa Majefté, au
premier jour de chaque année, duquel pareillement
les Commiffaires qui ont conduites, refidences &
provinciaux, prendront leurs départemens qui leur
feront accordez, fuivant & conformément aux
Edits de creation de leurs charges aufquelles ils font
obligez de vacquer & refider actuellement ; & à
faute de ce, les autres Commiffaires pourront eftre
départis en leur lieu & place. Sa Majefté voulant
auffi que les Commiffaires pour les nouueaux en-
roollemens, conduites & police des trouppes, apres
avoir pris les inftructions de fa Majefté, prennent
auffi leurs départemens du plus ancien Marefchal
de France, eftant prés de fadite Majefté, tous lefquels Commiffaires ne pourront figner ny arrefter
aucuns roolles de monftres ny eftre payez de leurs
taxations, qu'en rapportant aux Treforiers de l'ordinaire ou extraordinaire des Guerres; Les départemens, ainfi que dit eft, obtenus, bien & deuëment
enregiftrez au Greffe de mefdits Sieurs les Marefchaux de France en la Conneftablie, à la Table de

C

Marbre , fadite Majefté ordonne en outre, que les
Controolleurs Generaux, tant de l'Ordinaire qu'extraordinaire des Guerres , rapporteront foigneufe-
ment en ladite Conneftablie, les extraits des Monftres & Reueuës qui auront efté faites par les Controolleurs qu'ils auront départis, contenant les deniers revenans bons, fi aucuns y a, & que tant lefdits Controolleurs, que tous les Commiffaires des
Guerres & autres Officiers qui reçoivent leurs gage s
foldes , taxations ou autres payemens fur le fonds du
Taillon , feront jufticiables, & refpondront de leurs
Charges & fonctions, devant Meffieurs les Marefchaux de France en la Conneftablie, mefmes pourront en cas de delict, defobeyffance ou negligence ,
eftre chaftiez par fufpenfion de leurs gages, inter-
diction , & autres peines portées par les Edicts &
Ordonnances , fuivant l'Arreft contradictoire du
Confeil d'Eftat du 29. Novembre 1656. & Declaration de fa Majefté , du mois de Ianvier 1660. verifiée
en parlement, & Arreft dudit Confeil du dixiefme
Mars 1663. confirmatif des douze articles des Ordonnances fondamentales de la Iurifdiction de ladite Conneftablie & Marefchauffée de France à la Table de Marbre du Palais à Paris; ladite Declaration
fignée LOVIS ; Et fur le reply , par le Roy LE
TELLIER. Et fcellée du grand Sceau de cire verte.

Par autre Declaration du Roy du 18. Decembre
1660. verifiée auffi au Parlement , Signée LOVIS ;
& fur le replis , par le Roy, DE GVENEGAVD. Et

feellée du grand Sceau de cire jaune : afin que la campagne foit en feureté, & les chemins rendus libres & affeurez pour la liberté du commerce & des voyageurs. Le Roy ordonne aux Prevofts de Meffieurs les Marefchaux de France, Vice-Baillifs, Vice-Senéchaux & Lieutenans Criminels de Robe-courte de faire leurs Chevauchées par les champs pour nettoyer le pays de leur eftabliffement, de voleurs & vagabonds, & d'envoyer au Greffe de la Conneftablie, de trois mois en trois mois, les procés verbaux de leurs diligences, voulans qu'ils y foient contraints par faifie & radiation de leurs gages.

Enſuivent les douze Articles des Ordonnances fonda-
mentales de la Iuriſdiction ordinaire & extraordinai-
re de Meſſieurs les Mareſchanx de France, au Siege de
la Table de Marbre du Palais à Paris, arreſtez és
Eſtats tenus en l'année 1356.

I.

COnnoiſſent de tous exceds, dommages, crimes & delits commis & perpetrez par les Gens-
d'armes de nos Ordonnances & autres Gens de
Guerre, ſoit de pied ou de Cheval, au Camp, en garniſon, y allans & venans ou tenans les champs, &
auſſi des exceds & efforts qui peuvent eſtre faits aux
deſſuſdits : Des infractions de Sauvegarde, Logemens de gens de guerre ſans Commiſſion & ſans
route, ou qui ſe font dans les maiſons des Exempts
& Priuilegiez, & de tous crimes & delicts faits à
cauſe & à l'occaſion d'iceux.

I I.

De tous procez & differents procedant du fait de
la guerre & gendarmerie, comme de Rançons, Bu-
tins, Priſonniers de guerre, Explorateurs, Eſpions,
Proditeurs, Transfuges, Deſerteurs militaires, Deſtitutions & Caſſations de gens de guerre, de la red-
dition des Villes, Chaſteaux & Fortereſſes renduës
aux ennemis du Roy, par faute & malverſation, des
Gentils-hommes ſujets au ban & arriereban, des
actions & pourſuites qui en peuvent eſtre faites,

ſemblablement des appellations , interjettées des
Maires & Eſchevins des Villes de noſtre Royaume,
ſur le fait de la Milice , guet & garde des Bourgeois
& Habitans , enſemble des delits & differents ſurve-
nus entr'eux , ou autres particuliers dans les Corps-
de garde deſdites Villes, & de tous cas & crimes faits
& perpetrez par perſonnes eſtant ſoûs les Armes.

III.

Des actions perſonnelles que les gens de Guerre
peuvent avoir pour raiſon , cauſe ou occaſion d'icel-
le , Contracts, quaſi Contracts, Cedulles , Promeſ-
ſes , & Obligations faites entr'eux , ou autres perſonnes , pour preſt de deniers , vendition de Vivres,
Armes , Chevaux, ou autres Munitions & Equipages
de Guerre , tant en demandant qu'en deffendant,
nonobſtant les Privileges de Commitimus aux Requeſtes & attributions du Scel de la Prevoſté de Paris.

IV.

Des Monſtres & Reveuës , Payemens, Gages, Sol-
des, Appointemens, Taxations, Droits de paye &
de Regiſtres & autres droits pretendus par les gens
de Guerre , ſoit de pied ou de cheval, Morte-payes,
cent Gentil-hommes de l'Hoſtel du Roy , Preuoſts,
Vice-Baillifs , Vice-Senéchaux, Lieutenans Criminels de Robe-courte , Chevaliers du Guet , leurs Officiers & Archers, Commiſſaires & Controlleurs des
Guerres , Treſoriers , Payeurs , Heraults d'Armes,
Capitaines , Conducteurs du charroy , Munitionnaires & autres Officiers de la Gendarmerie & des Guerres , & des pourſuites qui ſe peuvent faire contre les

Treforiers Generaux de l'Ordinaire & Extraordinaire des Guerres, Cavallerie Legere & Artillerie, Payeurs, Receveurs ou leurs Commis, du preft fait aux
Armées, Réponces, Obligations & Promeffes faites
au Camp ou en Garnifon, lefquels Commiffaires des
Guerres & Controlleurs, Treforiers & Payeurs feront tenus deux mois aprés l'expedition de leurs Lettres de Provifion, icelles faire regiftrer au Greffe de
la Maréchauffée de France, auec la Declararion fignée d'eux, contenant le lieu de leur refidence & do-
micile, & outre feront tenus lefdits Payeurs y faire
auffi enregiftrer les actes de reception de leurs cautions deux mois aprés leur reception, autrement ne
feront payez de leurs gages. Seront auffi tenus les
Commiffaires Controlleurs de faire regiftrer leurs
départemens, & ne feront receus en leurs Eftats &
Offices, enfemble les Treforiers des guerres Provinciaux, des Regimens & garnifons, & Treforiers Payeurs de la gendarmerie, qu'auparavant il n'ait efté
informé audit Siege de leurs vies, mœurs & Religion, à la Requefte du Procureur du Roy en iceluy,
les Syndics defdits Officiers advertis & oüys.

V.

Des comptes, affignations, mandemens, refcri-
ptions, recepifcez, Ordonnances, billets & Lettres
de change que les Treforiers des guerres, Payeurs,
leurs Clercs & Commis fe baillent les uns aux autres pour le fait de leurs Charges, commiffions, ma-
niemens & entremifes, là où il en furvient aucun
differend, femblablement des abus & malverfations

qui pourroient eſtre commiſes par les ſuſdits en
leurs Offices & Commiſſions des procez & differends
des Commiſſaires des guerres, Controlleurs & Treſoriers, Payeurs & leurs Commis, Capitaines & Conducteurs des charrois & Artillerie, Munitionnaires
& autres Officiers de guerre ; Avec deffenſes au Lieutenant Civil de Paris, & à tous autres Iuges, d'en-
treprendre aucune Iuriſdiction ny connoiſſance,
pour ce qui concerne le fait de la Gendarmerie &
milice, & autres matieres attribuées à la Iuriſdiction
de la Maréchauſſée ; à tous Huiſſiers & Sergens de
faire aucuns Exploicts en vertu des Ordonnances
dudit Lieutenant Civil & autres Iuges, ſur peine d'a-
mende, ny aux Treſoriers & Payeurs, de comparoi-
ſtre ny répondre pardevant eux, ſans qu'on puiſſe
avoir égard aux ſaiſies faites des ſoldes & appointemens des gens de guerre, ſoit de pied ou de cheval,
ſi elles ne ſont faites de l'Ordonnance du Lieutenant general de la Conneſtablie & Maréchauſſée de
France, confirmée & authoriſée par l'un des Secre-
taires de nos commandemens, ayant le département
de la guerre.   VI.

Les Treſoriers des guerres & Payeurs de la Gendarmerie, & autre Privilegiez eſtans aſſignez & con-
venus pardevant le Lieutenant general au Siege de
la Maréchauſſée, pour raiſon des cauſes & matieres
dont la connoiſſance luy eſt attribuée : Ne pourront
s'ayder de leur Committimus, ny en vertu d'iceux
faire renvoyer leſdites cauſes pardevant les Gens tenans les Requeſtes, à peine d'eſtre privez de leur

Committimus en autres caufes, dépens, dommages
& interefts des parties, & de cent livres parifis d'a-
mende, & aux Confeillers defdites Requeftes d'en
prendre connoiffance, à peine de nullité de leur jugement.

VII.

Nofdits Marefchaux de France, & Officiers de
ladite Conneftablie, connoiffent des actions qui
peuvent eftre intentées, pour l'execution ou expli-
cation de traitez & conventions faites, pour raifon
des Offices des Prevofts, Vice-Baillifs, Vice-Senéchaux, Lieutenans Criminels de Robe-courte, Chevaliers du Guet, leurs Officiers & Archers, & des
Commiffaires, Controlleurs, Treforiers des Guerres,
Payeurs & autres Officiers de Milice, vente & adju-
dication defdits Offices par authorité de Iuftice ; des
decrets interpofez fur les biens des condamnez par
jugement Prevoftal, des procez & differends qui
peuvent naiftre, à caufe des Armes & Blazons des
Maifons & familles des Nobles.

VIII.

Des caufes & actions perfonnelles des domefti-
ques des Conneftable & Maréchaux de France, Mai-
ftres Armuriers, Harquebufiers & Fourbiffeurs, s'a-
giffant du fait d'Armes & de leur negoce, ventes &
achapts entr'eux & les particuliers, pour le fait des
marchandifes de contre-bande, & encore des Mar-
chands, Tailleurs & Artifans qui fourniffent les
Sayes, Cafaques, habits & autres chofes à nos Gens
de Guerre, foit de Pied ou de Cheval.

IX.

IX.

Connoiſtront noſdis Mareſchaux de France, ou leurs Lieutenans, par prevention de tous crimes & cas Prevoſtaux qui ſeront jugez au Siege de la Conneſtablie & Mareſchauſſée de France, à la Table de Marbre de noſtre Palais, au nombre porté par les Ordonnances, qui ſera remply des anciens Advocats de la Cour, meſmes de tous autres delits, & contre toutes ſortes de perſonnes, ſauf d'en faire le renuoy s'il en eſt requis, apres l'information & le dectet executé, comme auſſi des contraventions faites aux Edicts de ſa Majeſté, ſur le fait des Duels & rencontres contre toutes perſonnes & en tous lieux; enſemble des contraventions aux Ordonnances, touchant le port d'Armes & Chaſſes.

X.

Aux Eſtats & Offices des Prevoſts des Mareſchaux, tant Generaux, Provinciaux que Particuliers, Vice-Baillifs, Vice-Seneſchaux, Lieutenans Criminels de Robe-courte, Chevaliers du Guet, leurs Lieutenans, Aſſeſſeurs, Procureurs du Roy, Greffiers, Commiſſaires & Controolleurs à faire les Monſtres, Treſoriers de la Solde, Receveurs, Payeurs de leurs Compagnies, ne ſera pourveu que des perſonnes de ſçavoir, experience & probité requiſes, leſquels apres inquiſition de leur vie & converſation, ſeront receus en la forme & maniere accouſtumée, pardevant les Officiers de la Conneſtablie & Mareſchauſſée de France à Paris, les oppoſitions formées à leur reception jugées, decidées &

D

terminées au Siege de la Conneſtablie , ce faiſant
exerceront leurs charges conformement à leur creation en toutes les Generalitez , Provinces , Villes &
lieux où ils ſont eſtablis, avec deffenſes aux Officiers
du grand Conſeil, & à tous autres Iuges , de prendre aucune reception ny proteſtation de ſerment
deſdits Prevoſts , tant Generaux que Particuliers ,
qui ne pourront avoir de voix deliberative aux Iugemens par eux rendus, ſi elle ne leur eſt attribuée par
Lettres Patentes du Roy, addreſſées & enregiſtrées
audit Siege, quelques degrez qu'ils puiſſent auoir ,
ſans qu'il ſoit beſoin de les faire enregiſtrer audit
grand Conſeil.

XI.

Des fautes , crimes , abus & malverſations commiſes par les Prevoſts des Mareſchaux , Vice-Baillifs & Vice-Seneſchaux , leurs Lieutenans , Aſſeſſeurs, Lieutenans Criminels de Robe-Courte , Chevaliers du Guet , Officiers & Archers de leurs Compagnies, en l'exercice & fonction de leurs Charges,
Eſtats & Commiſſions , des excez & rebellions à eux
faites , & à ceux par eux appellez en ayde de Iuſtice ,
des Reglemens entr'eux ſur le fait de leurs Eſtats &
Commiſſions , des procés & differents qui ſurvien-
nent entr'eux , leurs Officiers & Archers , des Pro-
viſions , Nominations , Deſtitutions ou ſuſpenſions
de leurs Archers , Taxes de leurs Salaires & Vaca-
tions, des Monſtres , Police & Diſcipline de leurs
Compagnies , & ſemblablement des appellations interjettées deſdits Prevoſts ; ſçavoir , en matiere cri-

minelle par ceux non eſtans de leur gibier, ou deſny
de Iuſtice ; & en matiere Civile des Deſtitutions,
ſuſpenſions ou interdictions par eux faites, de leurs
Officiers & Archers; Taxes de leurs ſalaires & vaca-
tions : Deffenſes à toutes perſonnes de ſe pouruoir
au grand Conſeil, ou ailleurs qu'audit Siege pour les
matieres ſuſdites, à peine de nullité, caſſation de
procedures, & de trois cent livres d'amande contre
les contrevenans, qu'il eſt permis aux Officiers de
la Conneſtablie de declarer encouruë, ſans que les
Officiers dudit grand Conſeil en puiſſent décharger
leſdits contrevenans, avec inhibitions & deffenſes
aux Archers & autres cy-deſſus dénommez d'intro-
duire les cauſes, dont leſdits Officiers de la Conneſtablie doivent connoiſtre, ailleurs qu'en leur Siege,
& aux Procureurs de la Cour & Soliciteurs, de rele-
ver leurs appellations ; leur enjoint de faire leur pre-
ſentation au Greffe d'iceluy, encore que les aſſigna-
tions fuſſent données ailleurs, à peine de cent livres
d'amande. Enjoint auſdits Prevoſts, Vice-Baillifs,
Vice-Seneſchaux, Lieutenans Criminels de Robe-
Courte, d'envoyer de trois mois en trois mois, les
procez verbaux de leurs chevauchées audit Greffe,
à peine de radiation de leurs gages, avec deffenſes
aux Receuevrs Payeurs d'iceux, d'en faire payement
qu'il ne leur ait apparu de Certificat de l'enuoy ou
apport d'iceux, à peine de repetition allencontre
deſdits Payeurs.

XII.

Des Lettres d'abolition, remiſſion, pardon & in-

nocence, qui s'obtiennent & impetrent pour les
mesfaits & delits susdits faits par les Gens d'Ordonnances, Gens de Guerre de pied ou de cheval, Commissaires, Controolleurs, Tresoriers, leurs Clercs
& Commis, & autres Officiers de la Gendarmerie &
des Guerres, Prevost des Mareschaux, Vice-Baillifs, Vice-Seneschaux, Lieutenans Criminels de
Robe-Courte, Chevaliers du Guet, leurs Lieutenans, Officiers & Archers, lesquels seront addres-
sez ausdis Sieurs Mareschaux de France ou leur Lieutenant General, à la Table de Marbre, & illec en
poursuiure, requerir & demander l'entherinement,
& les parties interessées y estre adjournées.

De la Iurisdiction extraordinaire appellée Prevostale.

MEssieurs les Mareschaux de France & les Officiers de la Connestablie & Mareschaussée de
France, Prevosts generaux de suitte, & Prevosts Generaux, Provinciaux, Particuliers, Vice-Baillifs,
Vice-Senéchaux, Lieutenans Criminels de Robe-
courte, connoissent originairement par prevention,
suivant les anciennes Ordonnances, tant à la campagne que dans l'enclos desdites Villes, de tous cas,
avec port d'armes, comme és chemins & voyes pu-
bliques, meurtres & assassinats, volleries, sacrileges,
rebellions & assemblées illicites avec armes, contre
le service du Roy; larcins faits avec violence, bris
de portes & coffres, eschellemens de maisons & mu-
railles, boute-feux & incendiaires, de guet à pend,
rapt, enlevement, viol à force ouverte de filles &

femmes, faux-monnoyeurs, rogneurs & billonneurs contre toutes perſonnes de telle qualité & condition qu'elles ſoient, & ſont jugez en dernier reſſort avec ſept Graduez au moins, les competences prealablement jugées pour les Officiers de la Conneſtablie à la Chambre de la Tournelle, & pour les autres Prevoſts au plus prochain Siege Preſidial du lieu du delit, ou de la capture des accuſez, apres quoy le Roy par ſes Edits des années 1536. 1549. & 1554. deffend à toutes ſes Cours Souveraines de donner aucuns Arreſts de ſurſéance à l'execution des Sentences de mort & de torture, & veut ſa Majeſté, en cas que dans la capture aucuns de ſes Sujets ayent eſté tuez ou occis, qu'il ne ſoit imputé aucune faute aux Officiers & Archers, puiſque la force en doit demeurer au Roy.

Peuvent auſſi capturer dans le fragant delit, recevoir plainte, informer & decretter de tous cas ordinaires, ſuivant l'Ediĉt du mois d'Aouſt 1647. confirmée par Arreſt du Conſeil d'Eſtat du 14. Février 1663. contre toutes ſortes de perſonnes, ſauf à y faire le renvoy devant les Iuges ordinaires où le deliĉt a eſté commis vingt-quatre heures apres la capture ou le decret executé.

Toute cette authorité & Iuriſdiĉtion ſur l'honneur, la vie & les biens des Subjets de Sa Majeſté, leur eſt attribuée par les Ordonnances, des Eſtats de Rouſſillon, Cremieu, Blois, Orleans, & Moulins, & par les Ediĉts & Declarations du Roy, & Arreſts du Conſeil des années 1356. 1533. 1544. 1549. 1552. 1553. 1564. 1565. 1573. 1574.

1617. 1618. 1619. 1626. 1634. 1636. 1651. 1653. 1659.
& confirmez par la derniere Declaration de sa Ma_
jesté donnée à Arles au mois de Ianvier 1660. Signée
LOVIS; & plus bas LE TELLIER: & scellées du
grand Sceau de cire verte, verifiée au Parlement.